Folgen Sie mir auf:
Dunkle Verführung inst...

V.F.X.

John Danen

Published by Jonh Danen, 2022.

While every precaution has been taken in the preparation of this book, the publisher assumes no responsibility for errors or omissions, or for damages resulting from the use of the information contained herein.

V.F.X.

First edition. October 15, 2022.

Copyright © 2022 John Danen.

ISBN: 979-8215068953

Written by John Danen.

Inhaltsverzeichnis

Einführung...1

Die Macht des Gewinners 3

Das Raubtier...4

Ich lebe zum Ficken! 9

Die 10 Gebote des Flirts 11

Heute ist mein Tag 12

Die Macht!.. 13

Emanation göttlich.. 15

Aktivierungsficker 16

Alter, Wettbewerb und wahre Macht.............. 18

Die meisten 19

Das Credo des Fickers 20

Der Jaguar 21

Ein bisschen Klasse, um Himmels willen! 22

Das Alphamännchen 24

Der attraktive Mann 25

Furcht.. 27

Freies Lied 28

Erleuchtung.. 30

Die Geisteshaltung des Leistungsträgers 32

Weisheiten des Flirtens...................................... 34

Die Macht des Gewinners 37

Die Gesetze des Marktes 38

Die zehn Gebote des Gewinners 43

Der starke Mann 44

Das Leben eines Fickers 45

Der Jäger ist der Beste. 47

Frauen im digitalen Zeitalter 49

Frauen und der Marktpreis 50

Bittet und es wird euch gegeben werden 52

Ficker-Haltung.. 53

Verhalten in Gegenwart von Mädchen 55

Flirten in der Arbeitsumgebung 56

Regeln für das Flirten 58

Der erfolgreiche Mann 59

Keine Gnade 61

10 gute Taten 63

Mystische Sprichwörter 64

Der Vogel, der singt 67

Reflexionen 68

Die Trance 70

Ihr Auftrag 71

Empfohlene Dinge 72

Ode an meinen Penis 77

Vorteile des Womanizings für Frauen 79

Einführung

In diesem Buch habe ich Texte zusammengestellt, die ich im Laufe der Jahre in einem Anfall von Inspiration geschrieben habe und die ich zu Papier gebracht habe, sobald sie mir einfielen.

Die Hauptthemen sind Verführung und Selbstverbesserung. Manchmal haben sie die Form von Erzählungen, manchmal die von Versen. Sie sind ein Potpourri von Ideen, die ich damals geschrieben habe und die mir geholfen haben, mich zu überwinden und meine Sicht der Dinge auszudrücken. Es gibt auch Werke mit einem eher mystischen und tiefgründigen Inhalt.

Dank dieser Selbsthilfeschriften, die ich selbst verfasst habe, konnte ich meine Schüchternheit und meine Unsicherheiten überwinden, und sie waren wirklich ein Bollwerk, auf das ich mich stützen konnte.

In meiner Jugend musste ich viel Kritik, Missverständnisse und Neid ertragen. Das Leben selbst hat hart zugeschlagen, und die Wut, die Frustration, der Kampf, die Abnutzung durch Niederlage und Sieg haben diese Texte hart und eindringlich gemacht. Hier habe ich meine siegreichen Ideen in Worte gefasst. Und ich habe hart gegen die Kritiker vorgegangen.

Es handelt sich nicht um geschönte Texte oder politisch korrekte Sprache. Sie sind echt und stammen aus der Praxis. Meine Vorstellung von all dem war die eines Kampfes, eines regelrechten Krieges mit Gewinnern und Verlierern.

Leid, Schmerz und Freude sind in jeder Zeile enthalten. Heute sehe ich die Dinge nicht mehr so, aber ich finde diese Schriften sehr interessant, weil sie die Essenz dessen enthalten, was ich zu dieser Zeit war.

Die Bescheidenheit fällt durch ihre Abwesenheit auf. Es sind herzzerreißende Siegesschreie. Jugendlich-fröhliche Lieder in einem Meer des Kampfes. Ich habe die ursprüngliche Umgangssprache beibehalten, um das Wesentliche zu bewahren. Das Wort "du hast" kommt oft vor, das ist das Wort, das wir für Sex verwendet haben.

Auch wenn es in einigen meiner Texte nicht so aussieht, was mich bewegt, ist das Verlangen ohne jegliche Verpflichtung, ich respektiere und schätze Frauen. Aber ich glaube an eine Aufgabe, die mir schon vor meiner Geburt zugewiesen wurde, und ich widme mich ihr. Ich lüge nie, ich betrüge nie, ich bin oft hart, aber ich tue nichts Böses. Wenn ich jemanden verletze, vergebe ich ihm und auch mir selbst.

Dieses Buch ist kein gewöhnliches Verführungshandbuch, sondern tiefere Überlegungen, die die Essenz eines Handbuchs der Verführung, der Selbstverbesserung, der Selbsthilfe und letztlich der Spiritualität enthalten.

Das Buch ist kurz und poetisch, ich empfehle, sehr langsam zu lesen und manchmal innezuhalten, um die Absicht der Botschaft zu verstehen. Jedes Wort ist das und es gibt einen Grund dafür. Alles hat eine Botschaft. Er ist kurz, aber sehr intensiv. Es soll ein Buch zur persönlichen Verbesserung sein, und sein Endziel ist die Transzendenz. Wenn jemand etwas praktiziert, bis es perfekt ist, egal was es ist, wird er erleuchtet.

Ich habe alles gesehen, was ich in mystisch-liebevolle-sexuelle Ausbrüche gesteckt habe. Manchmal übertreibe ich es ein wenig mit dem mystischen Touch, aber das gefällt mir so gut. Ich konnte nicht widerstehen. Manchmal mystisch, manchmal sehr materiell, beides ist vereinbar. Aus Oberflächlichkeit entsteht Tiefe. Aus frenetischer sexueller Praxis erwächst auch Erleuchtung und Verständnis für das Leben.

Ich hoffe, es gefällt Ihnen.

Die Macht des Gewinners

Ich habe die Kraft und die Stärke,
   Das, was Sie zu einem Gewinner macht.
Es ist eine Gabe, die nur sehr wenige besitzen.
Ich werde mir dieser Macht bewusst, ich denke an die Erfolge.
Und ich frage mich: "Kann das überhaupt jemand? Natürlich nicht!
Ich habe Mut, ich bin mutig, ich bin hartnäckig.
Ich bin sehr gut aussehend.
Mit diesen und vielen anderen Eigenschaften, die ich jeden Tag mehr und mehr entwickle.
Ich kann und will etwas erreichen,
Alles, was ich will.
Denn ich wurde als Gewinner geboren und entwickelt.

Das Raubtier

Wie leicht ist es, still zu stehen.
    Und wie schwer ist es, immer zu beobachten
Das Dickicht des Waldes.
Sie wollen eintreten, tun es aber nicht.
Der Wald ist unheimlich.
Es ist dunkel und es lauern Gefahren.
Aber in ihm ist Leben.
Und der Tod.
Der Landwirt wünscht es sich, aber er fürchtet es.
Deshalb geht er auch nicht darauf ein.
Weil er Angst hat.
Deshalb bewirtschaftet er sein Land.
Das gibt ihm wenig und schlecht.
Er bearbeitet das Land hart.
Der ihn mit Wucher bezahlt.
Aber mit einer gewissen Regelmäßigkeit.
Dazu kommt manchmal noch Hagel.
Und auf Wiedersehen Ernte.
In diesem Fall hat er keine andere Wahl.
Aber einmal in den Wald gehen und jagen.
Und kultivieren Sie diese Beute.
Mit so wenig Überzeugung.
Und was für eine harte Zeit er hat.
Der Bauer im Wald.

V.F.X.

Das perfekte Terrain für
Der Jäger, das Raubtier.
Der Wald ist sein Zuhause.
Die saftige und schmackhafte Beute
Sie traben ohne anzuhalten.
Das Raubtier beobachtet sie.
Er studiert und analysiert sie.
Er wartete auf den richtigen Moment, um zuzuschlagen.
Friss oder stirb.
Jagen ist Leben.
Leben!
Sie darf nicht scheitern.
Und wenn er versagt.
Er wird es erneut versuchen.
So hart wie nötig.
Bis er jagt.
Zu wissen, wie man jagt, ist sehr gut.
Aber das Wichtigste ist die Jagd.
Die Weisheit jagt nicht.
Die Praxis tut es.
Das Raubtier handelt.
Der Bauer wandert.
Ja, wird jeder sagen.
Wie verrückt das Raubtier ist! Wie ruhig er sein konnte.
Der Narr, der kritisiert, ist derjenige, der am meisten zu schweigen
hat!
Dem Raubtier geht es gut.
Seine Funktion erfüllen.
Ergreift seine Beute.
Bekämpfung der Überbevölkerung.
Dezimierung der Arten.
Die Natur im Gleichgewicht.

Dieses Raubtier ist mächtiger als zehntausend feige Bauern.

als zehntausend feige Bauern.

Prey weiß, wer wer ist.

Viele entkommen.

Und viele andere erliegen ihm.

Für sie ist es eine Ehre.

Wo wäre ihnen sonst besser gedient?

Dann kommt der Geier.

Ein lausiges Raubtier.

Er betreibt weder Landwirtschaft noch Jagd.

Er kommt, um die Reste aufzusammeln.

Wenn er seine Chance bekommt.

Ein fetter Feigling.

Kann nicht jagen.

Das hängt natürlich vom jeweiligen Raubtier ab.

Nutzloser Feigling und Verräter.

Eine Schande für jeden Jäger.

Wehe euch, die ihr aus der Finsternis kommt!

Raus aus der Dunkelheit eures tristen Lebens.

Wen werden Sie jagen?

Geblendet von der brennenden Flamme.

Sie wollen auch glänzen.

Im Herzen des Waldes habe ich tief und fest geschlafen,

Denn was habe ich zu befürchten?

Hier habe ich das Sagen.

Ich bin der Mann, der gefürchtet und respektiert werden muss.

Ich regiere den Wald mit eiserner Faust und einem seidenen Handschuh.

Mein Jagdgebiet.

Mein Zuhause.

Alles, was darin ist, gehört mir.

Und ich weiß es von der Beute, die mir das gesagt hat.

V.F.X.

Was für ein toller Jäger!
Sie hatten so eine schöne Zeit in ihrem Leben!
Wie die Nacht jagte ich sie und verschlang sie.
Und ihr, ihr armen Leute!
Was soll das heißen?
Was haben Sie gejagt?
Was werden Sie jagen?
Nichts, würde ich sagen.
Etwas Kleinwild.
Verwundetes und sterbendes Wild.
Es landet vor Ihrer Haustür.
Einmal im Leben und nie wieder.
Der weise Mann jagt.
Der Narr kritisiert.
Und gräbt die Erde um.
Wie einer, der sein Grab schaufelt.
Das Raubtier von oben,
Heult und reißt die Beute.
Der Bauer versteckt sich.
Das gilt auch für den Hirten.
Und sie beten, dass ihr Vieh sie nicht frisst, das wäre das Schlimmste.
So viel Arbeit für so etwas.
Das Raubtier dominiert.
Weil er der Beste ist.
Er braucht nicht zu arbeiten.
Einfach jagen.
Es dauert nur einen Augenblick.
Von Konzentration und Präzision.
Der ganze Wald zittert!
Wie viele Beutetiere, die einmal gejagt wurden, werden von ihrem Fänger an den Haken genommen!
Sie wollen ihn zähmen, ihn bekehren.

JOHN DANEN

Sie wollen ihn zähmen, ihn zu einem Bauern machen.
Andere begnügen sich damit, gegessen zu werden.
Von dieser gefährlichen Bestie.
Wer soll sie noch jagen?
So ist es, so war es und so wird es sein.
Das Leben des Raubtiers.
Das wird sich nie ändern.
Zum Wohle aller.
Der Jäger.
Will jagen!
Der Narr, der in den Wald wandert.
Er weiß nicht, ob er der Jäger ist.
Kann die Beute werden.
Derjenige wird den Preis dafür zahlen
Für die Tyrannei des Raubtiers.
Der Dialog mit der Beute.
Sie werden ihn von allen Seiten erschüttern.
Und er wird aus dem Wald fliehen.
Erschrocken.
Er wird zurückkehren, um zu kultivieren.
Wenn Sie das Raubtier sind.
Es gibt nichts Besseres auf der Welt
als auf die Jagd zu gehen und ein gutes Stück Wild zu bekommen
Wie gut das Raubtier lebt!

Ich lebe zum Ficken!

Ich weiß, was es da draußen gibt
   Ich weiß, was da ist, und ich weiß, was sein wird
Ich habe keine Angst vor irgendetwas
Ich greife gerne an
In den Kampf ziehen
Sterben oder töten
Und ich töte, wann immer ich kann
Und ich töte ohne Gnade
Im Krieg ist alles erlaubt
Und du musst immer gewinnen
Ganz gleich, wie viele Misserfolge Sie haben
Nichts kann verderben
Die guten Erfolge, die das wettmachen
Aber auch in Wirklichkeit,
All die schlechten Zeiten
Dass du das durchmachen musstest
Am Ende der Zeit wissen Sie, woran Sie denken müssen
In neuen Siegen
Innovation und du hast.
Denn in diesem Leben, das wir haben,
Das uns niemand wegnehmen kann
Wenn Sie es schaffen
Der verdammte Meister, der du schon bist
Und die Macht, die Sie haben,

Was andere nicht wissen werden
Sie können sich auch nicht vorstellen
Nur der Golf kennt sie
Nur du lebst es,
Niemand sonst
Du weißt, was du mit ihm machst
Und du tust es ihm an
DU HAST!

Die 10 Gebote des Flirts

1) Stellen Sie sich immer über sie.
2) Ein gutes Unternehmen bringt gute Ergebnisse und umgekehrt.
3) Auf dem Markt gibt es immer etwas Besseres als das, was Sie haben.
4) Fühlen Sie sich immer sehr attraktiv und selbstbewusst.
5) Visualisieren Sie sich selbst und konzentrieren Sie sich ständig auf Ihre erfolgreiche Rolle.
6) Man muss viele Mädchen einladen, um selbstbewusst und entschlossen zu sein.
7) Seien Sie sich immer bewusst, dass Sie der Räuber sind.
8) Gehen Sie immer aus und amüsieren Sie sich.
9) Bringe das Mädchen zum Lachen und passe dich dem Mädchen an.
10) Überlegen Sie immer, wie Sie sich verbessern können.
Und ein letztes Gebot.
11) Gib immer dein Bestes.

Heute ist mein Tag

Heute werde ich das Leben in vollen Zügen genießen.
Ich werde alles genießen, was ich tue.
Und ich werde tun, was immer ich will.
Ich gehe spazieren, schaue mir die Bäume an und lächle.
Und ich werde staunen, wie ich alles sehe, rieche und berühre.
Fühlen Sie es.
Die entfremdeten Zombies, die es nicht wissen.
Lassen Sie sie ihren Geschäften nachgehen, ich werde ihnen nicht in die Quere kommen.
Ich werde an den Blumen riechen, wie damals, als ich klein war.
Ich werde ihren Duft einatmen, ich werde rennen, ich werde lachen.
Ich bin glücklich, weil ich es sein will.
Denn es gibt keinen Grund, es nicht zu tun.
Du lebst zwei Tage und ich will es genießen.
Ich reise mit meinem Auto, ich trinke Bier.
Und ich werde mit meinem Mädchen schlafen.
Ich drehe die Musik voll auf und denke, es ist der beste Tag meines Lebens.
Und warum nicht?

Die Macht!

Schiffbruch erlitten im Meer der Angst und des Zweifels
Kämpfen, um nicht unterzugehen
Hungernd, kalt und einsam
Ohne auch nur einen Verdacht zu haben
Dass dein Ziel nicht sein sollte, nicht unterzugehen
Aber zum Abheben!
Zu fliegen!
Mangelnder Glaube und Entmutigung haben Sie in den Schiffbruch geführt
Was für ein Lachen ich dabei habe!
Ist Ihnen das nicht klar?
Dass du tust, was du dir vorgestellt hast
Wegen des mangelnden Vertrauens in Sie
Du bist nicht dazu gemacht, zu schweben, du bist nicht dazu gemacht, dich festzuhalten
Du bist zum Fliegen gemacht
In deinem Kopf ist Reichtum oder Armut
Das Licht und die Dunkelheit
Aufstehen!
Sich über das Meer erheben
Es ist nur der Wille
Bald werden Sie sehen, dass
Die Macht liegt in dir
Wartet darauf, dass Sie es benutzen

Materialisieren und verkörpern
Deine große und erleuchtete Macht
Zu den höchsten Höhen
Und nie wieder absteigen

Emanation göttlich

Ja, ja, ja, ja. Ja!
Jede Handlung, jedes Wort und jede Unterlassung, die ich tue
Kommt direkt von ganz oben
Und enthält die göttliche Essenz der absoluten Vollkommenheit
Deshalb!
Kann niemals beurteilt oder kritisiert werden
Weil sie aus göttlicher Mechanik geboren ist
Dass durch meinen Charakter als Erleuchteter
Ein Wesen des Lichts, das in einem sterblichen Körper gefangen ist
Ich bin also direkt geweiht worden
Meine Werke dürfen nicht in Frage gestellt werden, noch darf man an sie denken.
Sie sind reine Taten der himmlischen Liebe und göttliche Gebote
die ohne Zögern durchgeführt werden müssen
Und das sage ich euch! Und das dekretiere ich!
Seht nach oben! Wenn Sie verstehen wollen
Von dort kommt alles, was ich tue
Von der höchsten
Absolute Perfektion, absolute Präzision

Aktivierungsficker

Suche nach einem guten Outfit
　So kommen Ihre Brustmuskeln zur Geltung
Ernähren Sie sich optimal
Gewichte und Joggen zur Fettverbrennung
Bräunen und Haare schneiden lassen
Fucker-Stil
Werfen Sie einen Blick in den Spiegel und gehen Sie nicht raus
Das Wissen um die Macht
Steigen Sie in Ihr Auto und machen Sie sich auf den Weg
Kein Schwachsinn
Eine gute Maschine
Mit viel Pferdestärken
Repräsentativ für Ihre Macht
Das macht Sie stolz
Fick deinen Kumpel
Ein weiterer großartiger Ficker, minus nein
Wir sind zum Rennen gekommen
Fröhlich und sorglos
Starker Magnetismus
Du wirst deine Rolle spielen
Mit Ficker-Haltung
Sie führen eine Follador-Bedienung durch
Und Sie haben ein Follador-Leben
Immer an der Spitze

V.F.X.

Immer an der Spitze
Wir gewinnen!

Alter, Wettbewerb und wahre Macht

Das Alter spielt keine Rolle
Genauso wenig wie der Körperbau
Denn die wahre Macht liegt weder im Alter noch in der Statur.

Es handelt sich um Hilfsmittel, die die Kommunikation erleichtern, um die Insignien der Macht.

Die wahre Macht liegt im Geist
Das Selbstkonzept
Und sie wird durch den Blick, das Auftreten, die Gesten und das Vertrauen vermittelt.

Nonverbale Sprache
Die alten Zeiten sind nicht vorbei, und sie werden auch nicht wiederkommen, sie sind immer da!

Sie müssen nur Ihren Geist programmieren und die Realität programmiert sich automatisch.

Wahre Macht ist immateriell
Es ist die Überzeugung im Triumph
Es ist die Ablehnung defätistischer Gedanken
Es geht darum zu sagen: "Wenn ich kann, wenn ich will, wenn ich es verdiene!

Und ich will es sofort haben, weil ich weiß, dass ich es wert bin und es mir gehört.

Wer das verinnerlicht hat, wird immer in allem triumphieren.

Die meisten

Das beste körperliche Gefühl Die Beschleunigung des Autos
Die besten Lacher Der beste Apfelwein collocon
Das beste Bier La birre du demon
Die beste Nacht Die beste Nacht im Freien
Die größte Macht Das Gefühl, attraktiv zu sein
Der beste Gedanke Der Sieg
Die beste Stimmung Die beste Musik
Das beste Mädchen Das neue Mädchen
Der Sinn des Lebens Menschen glücklich zu machen.
Das größte Vergnügen Ein heißes Küken ficken
Das beste Geschenk Ein Lächeln

Das Credo des Fickers

Ich glaube an die Magie der Nacht
    Und mit der Kraft meines Geistes
Ich glaube an meine angeborene Attraktivität
Und in meiner Fähigkeit, zu bekommen, was ich will
Ich glaube an unerschütterliche innere Zähigkeit
Ich glaube an die Übermittlung positiver Botschaften
    Und in ihrer Aufnahme und Akzeptanz durch hübsche Mädchen
Ich glaube an meine eigene Kraft
Die immer mehr zunimmt
Ich glaube an mein Schicksal, das darin besteht, zu genießen
Ich glaube an meine natürliche Gabe, dass Mädchen mich mögen.
Das macht mich frech und beliebt
Ich glaube an meinen mächtigen Ansturm
Das versetzt die Mädchen in Ekstase

Ich glaube an meine Aufgabe, die darin besteht, ihnen Freude zu bereiten und mich zu erfreuen.

Ich glaube daran, dass die Quantität und Qualität von Tag zu Tag zunimmt.

Von zufriedenen Mädchen.

Ich glaube an meine eigene unendliche Kraft, die nicht zerstört werden kann, solange ich lebe.

Ich glaube an mich.

Der Jaguar

Stärke und Tapferkeit
    Man kann es in seinen Augen sehen
Starrer Blick, Krallen im Anschlag
Er pirscht sich an und greift mit all seiner Wildheit an
Es tötet und brüllt siegreich
Dann verschlingt er die Beute
Dass er nach vielen Bemühungen Folgendes erreicht hat
Er weiß, dass es ihm gehört, weil er es sich verdient hat.
Er ging durch Hunger und Bitterkeit
Aber jetzt ist es das alles wert
Und jeden Tag weiß er besser und besser, was er ist
Er ist der König des Dschungels
Und er erfüllt sein Schicksal

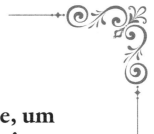

Ein bisschen Klasse, um Himmels willen!

Erzählung war ich ein bisschen ausgebrannt über faule Typen, die nie vorankamen. Man muss helfen, sich aber auch von solchen giftigen Menschen fernhalten".

Nimm nicht die Gesellschaft von mittelmäßigen Männern an, auch wenn sie behaupten, große Bewunderer und Schmeichler von dir zu sein. Denn egal, wie viele Komplimente und Auszeichnungen sie geben, was bringen sie wirklich? Weniger als nichts.

Unter dem Deckmantel ihrer Unterwürfigkeit verbergen sie ein ganzes Arsenal an Selbstbewusstsein, Angeberei, Fantasie und miserablem Selbstwertgefühl. Auch wenn sie sich noch so sehr verstecken und ihr bestes Gesicht zeigen wollen, es existiert und wird immer weniger.

Menschen verkehren mit Menschen, die das gleiche Selbstwertgefühl haben. Die Verbindung des einen mit einem anderen, der ein geringeres Selbstwertgefühl hat, kann nur ein Ergebnis haben: eine Katastrophe! Ängste, Unsicherheiten, Peinlichkeiten, ein schlechtes Leben und mangelndes Selbstwertgefühl. Sie vermitteln ihre Welt und ihre Probleme, und selbst wenn man sich in Sicherheit wähnt, werden sie einen beeinflussen.

Sie können nicht der barmherzige Samariter sein, der umsonst hilft.

Wenn du einem Dummkopf etwas gibst, erwarte nicht, dass du etwas zurückbekommst, und glaube nicht, dass du eine gute Tat vollbringst. Jeder muss an seinem Platz sein. Gewinner und Verlierer.

V.F.X.

Die Natur ist weise und unbarmherzig. Es ist unnatürlich, dass man sich des Narren erbarmt und versucht, ihn dorthin zu bringen, wo er niemals hätte sein dürfen. Es soll nicht produziert werden, die Schwachen müssen untergehen, damit die Starken gedeihen können.

Die Schwachen haben eine geringe Qualität, eine geringe Dominanz und eine geringe Hebelwirkung, und das ist auch gut so.

Egal, wie viel man ihm immer wieder gibt, es kommt zurück! Auf sein durchschnittliches Niveau, wo er sich wohlfühlt, in der Mittelmäßigkeit.

Lassen Sie sich das nie sagen! Dass die Schwachen, die Törichten und die Feiglinge ermutigt werden sollen. Denn sie verdienen es, dort zu sein, wo sie sind. Im Gegenteil, demütigen Sie ihn, wenn er versehentlich mit Ihnen in Kontakt kommt. Totale Verachtung.

Wie ich einmal sagte. Was ich erkenne, ist dies: nichts! Und ich bestehe noch einmal darauf, nicht nur nicht zu helfen, sondern sie zu versenken und ihre schreckliche Präsenz ein für alle Mal zu vernichten. Und mögen Sie niemals mit jemandem von dieser Sorte in Verbindung gebracht werden.

Es ist mir egal, ob er ein Narr oder ein dummer Narr ist. Ich schäme mich, ich bin diskreditiert durch seine bloße Anwesenheit in meiner Nähe. Es gibt keinen Grund, stolz auf sie zu sein, und sie repräsentieren mich ganz sicher nicht. Eine Schande

Gentuza!

Das Alphamännchen

Beugt sich nie den Bedingungen einer Frau
    Setzt seinen Willen durch
Tut seinen Willen
hat keine Angst, das Mädchen zu verlieren
Kann es sich leisten, einige Mädchen zu verlieren
Weil er mehr hat und sie endlos erneuert
Das Alphamännchen ist gerne innovativ
Wenn er mit einem Mädchen Schluss macht, umso besser!
    Er findet eine bessere Lösung und gewinnt
    Er treibt ununterbrochen Unzucht, und je mehr er treibt, desto erfolgreicher ist er.
    Das Alphamännchen kommt auf seine Kosten
Das Alphamännchen fickt die besten Mädchen
Das Alphamännchen hat eine Aura der Attraktivität
Er straft, er verliebt sich nicht
Er erfreut und lässt sie genießen
Das Alphamännchen lässt sie genießen
Er bringt sie zum Lachen und zum Verlieben
Aber er wird sich einen neuen suchen
Bessere, höhere Qualität
Das Alphamännchen gibt ihnen das Gefühl, eine echte Frau zu sein
Er bringt sie zum Lachen, er bringt sie zum Weinen
Sie werden ihn lieben, sie werden ihn hassen
Aber sie werden ihn nie bekommen

Der attraktive Mann

Der attraktive Mann weiß, dass er mag
Wie schwer ist es, interessant zu sein!
Aber wir sind es!
Der attraktive Mann fürchtet nichts
Der attraktive Mann gefällt überall
Ein Mädchen in einer Kneipe
Sieht den hübschen Mann an
Und er geht hin und bringt sie zum Lachen
Weil er die Waffen des Siegers hat
Er braucht keine Frauen, um sein Leben zu führen
Er weiß, wie man sich amüsiert
Er geht mit Freude durch das Universum
Welten besichtigen und Schönheit bewundern
Nein! Ich wurde nicht geboren, um manipuliert zu werden
Nein! Ich bin nicht hier, um den Film meines Lebens zu sehen.
Ich bin hier, um mein eigenes Drehbuch auszuleben
Mein Meisterwerk, mein Leben, ich selbst
Das Universum nach meinen Regeln bereisen
Ich lebe allein
Was ich habe, verdiene ich
Was ich bekomme, dafür arbeite ich
Ich bereite mich auf das Abenteuer des Lebens vor
Starke Verbündete, Illusion, Vertrauen, Initiative
Action! Die Zeit ist gekommen

Was ich mag, nehme ich
Weil ich der attraktive Mann bin
Wer weiß, was er will und wie er leben soll
Das Gefühl, sein Leben zu beherrschen
Gibt Ihnen das Gefühl von Macht
Ein mystisches Gefühl der Erleuchtung
Sich gut aussehend und selbstbewusst fühlen
Tausende von Siegen stehen bevor
Dass ich sie anpacke, weil sie für mich sind
Ich fühle eine unglaubliche Kraft
Emanzipiert von idiotischen Nixen
Und ich rufe
Der Sieg!

Furcht

Man traut sich nicht, sich zu verändern, man traut sich nicht, etwas zu wissen, man traut sich nicht, hinauszugehen. Man schämt sich, man fühlt sich schlecht, man verliert Selbstvertrauen und Ausstrahlung. Dadurch vermeidet man Probleme, die im Laufe der Zeit nur noch größer werden. Sie hindert dich daran, du selbst zu sein, sie hindert dich am Leben.

Die Furcht ist der Feind.

Ihre Verbündeten sind Mut und Zuversicht, die die Angst durch Handeln besiegen.

Freies Lied

Blut fließt auf den Straßen
    Die Jungs sind müde
Sie haben immer auf den Knien gelebt
Und heute sind sie endlich frei
Wenn du geboren wurdest, um zu leben
Bring die Wut in dir zum Vorschein
Kämpfe immer mit aller Kraft
Schaut nicht zurück, da ist der Sturm
Die Menschen, die dich verblüfft haben
Diese Stunden vor dem Fernseher
Diese Ängste, die sie dir eingeflößt haben
Sie haben dich zu dem gemacht, was sie sind
Es ist noch nicht zu spät und Sie sehen den Weg
Nur du kannst es schaffen
Schaut nicht zurück, hört nicht auf Fremde
Wir waren alle Feiglinge, wir sind alle gefallen
Und jetzt sind wir aufgestanden
Keine Politiker mehr, keine Wochenschauen mehr
Folgen Sie Ihrem Instinkt und heben Sie sich von der Masse ab
Es ist dein Leben, es ist dein Weg
Verschwenden Sie nicht Ihre Zeit, sondern lassen Sie Ihre Vision wahr werden
Hier sind wir und wir werden nie aufhören
Und in zehn Jahren werden wir dort sein

V.F.X.

Sicherlich viel besser dran
Das Leben passiert, und was machen wir dann?
Ist dir nicht klar, dass es nicht mehr zurückkommt?
Mach was du willst, für immer und ewig
Denn das Wichtigste im Leben ist zu leben
Sie können gehen, wohin Sie wollen
Du kannst leben, was du leben willst
Sie können erreichen, was Sie erreichen wollen

Erleuchtung

Aufstehen, wenn man Lust dazu hat
  Es ist, sie alle zu ficken und zu ignorieren und sie dort zu lassen
Jeden Tag zu genießen, als gäbe es keinen anderen Tag
Gute Musik hören und sie fühlen
Es geht darum, schön zu sein, heiß zu sein und gemocht zu werden
Es ist zu erobern
Es ist zu gewinnen
Glücklich sein ohne mehr
Es fühlt sich attraktiv und charismatisch an
Es ist ein besonderes Gefühl
Es geht darum, schlau zu sein
Es ist erfolgreich
Es geht darum, Ihr Produkt zu verkaufen.
Es dominiert
Es geht darum, Dinge zu wissen
Es ist, sich zu verlieben
Um die Welt zu sehen, um zu reisen
Es ist wie ein hübsches Mädchen
Erleuchtung bedeutet zu wissen, was man will
Die Aufklärung gewinnt
Erleuchtung ist Genuss
Erleuchtung ist zu tun, was man will
Erleuchtung bedeutet, stolz auf dich zu sein
Musik erzeugt Erleuchtung

V.F.X.

Sich gut fühlen erzeugt Erleuchtung

Das schöne Mädchen, das du mit deinen Reizen bezauberst, bringt Erleuchtung hervor.

Zu wissen, dass man ein Gewinner ist, das ist Erleuchtung

Bevor Sie handeln, haben Sie das Gefühl, dass Sie Erfolg haben werden.

Erleuchtung

Alles perfekt, der Klang, das Gefühl, die Zeichen, perfekt

Erleuchtung

Die Geisteshaltung des Leistungsträgers

Hallo, mein Name ist ..... und ich bin ein Überflieger. Dies ist die Haltung, die Prägung, die immer beibehalten werden soll! In Ihrem Kopf.

Alles, was draußen ist, spielt keine Rolle

Kritik spielt keine Rolle

Die Misserfolge spielen keine Rolle.

Es kommt nur darauf an, wie Sie die Dinge sehen. Wie Sie sich von ihnen beeinflussen lassen. Was zählt, ist Ihre Einstellung zu den Fakten.

Visualisieren Sie, halten Sie sich vor Augen, was Sie wollen, und fühlen Sie, dass Sie es erreicht haben. Das ist das Geheimnis. Ich habe es verdient, ich sehe, dass ich es bekomme, und ich genieße es zu wissen, dass ich der Gewinner bin.

Nehmen Sie unbesorgt an, was da ist, die Früchte der Vergangenheit, und beschäftigen Sie sich mit Begeisterung mit der Schaffung Ihrer Traumwelt.

Sie wird bald Wirklichkeit werden, denn ich bin die Macht!

Denken Sie positiv, machen Sie keine Ausreden, Sie haben es geschafft, akzeptieren Sie es und genießen Sie es.

Erwarten Sie nie etwas von irgendjemandem. Sie und nur Sie sollten die Dinge klären.

Wenn die Menschen kein Blut haben, haben Sie welches.

Wenn andere sich anpassen, tun Sie es nicht.

Wenn andere Hindernisse sehen, sehen Sie Chancen.

V.F.X.

Wenn viele Sie entmutigen und auf ihr Niveau herabziehen wollen, werden sie keinen Erfolg haben.

Wenn dich niemand versteht, verstehst du dich selbst.

Allen Widrigkeiten zum Trotz gehe ich weiter, fest in meiner Bestimmung, meinem Auftrag und meinem Leben.

Die Dinge sind erst dann vorbei, wenn man das Gefühl hat, dass sie vorbei sind, oder wenn man aufgibt. Und wie ein Spartaner gebe ich nicht auf - niemals!

Ich weiß, dass die Siege da sind und darauf warten, dass ich sie ergreife. Ich genieße sie, und das ist gut so.

Ich habe gesehen, wie sie aufgestiegen sind und ich habe gesehen, wie sie gefallen sind. Ich weiß, dass ihre Konsistenz gut ist, aber meine ist besser.

Ein Leistungsträger ist erfolgreich im Erfolg und belastbar im Misserfolg.

Manchmal werden die Umstände, die man eigentlich unter Kontrolle haben sollte, schwer oder sehr schwer. Das ist der Moment, in dem andere aufgeben. Ich weiß, dass Misserfolge immer nur vorübergehend sind und dass der natürliche Zustand der Triumph ist. Deshalb mache ich mir keine Sorgen, ich bin beschäftigt.

Der Sieger überwindet alles, weil er der Beste ist. Und Jahrzehnt für Jahrzehnt wird Ihre enorme Macht nicht nur beibehalten, sondern noch gesteigert.

Der Markt hat mir gesagt, dass ich gut und notwendig bin.

Fröhlicher Stil, fröhlich und lebendig, jeden Tag das Leben genießen.

Das bin ich.

Weisheiten des Flirtens

Eine Frau, die Sie übergangen und unterschätzt haben, wird immer an Ihnen interessiert sein, selbst wenn sie Sie ablehnt. Sie wird offen dafür sein, dich zu treffen und dich immer noch mögen. Diese Situation kann sich über Jahre hinziehen. Sie mögen nichts lieber als den Kerl, den sie nicht kriegen können, den bösen Jungen.

Umgekehrt wird ein Mädchen niemals verzeihen, wenn Sie sich zum falschen Zeitpunkt in sie verlieben. Das schlimmste Szenario ist, wenn Sie sich verlieben und sie nicht bekommen. Das kommt Sie teuer zu stehen. Sie wird Ihnen nie verzeihen, und Sie werden ein Leben lang verachtet und unterschätzt werden.

-Was hast du mit ihr gemacht? werden sie dich fragen. Ich mochte sie, und ich habe mich gut benommen. Sie werden antworten. Ihre Verachtung ist direkt proportional zu Ihrem Interesse und Ihrer Weichheit.

Der Markt verzeiht den Schwachen, den Verweichlichten, den Verliebten nicht. Er wird nicht nur besiegt, sondern auch gedemütigt, verachtet und gnadenlos vernichtet werden. Er wird sehen, wie seine Liebsten vor seinen Augen mit anderen rummachen und wie harte Kerle ihm jede Hoffnung nehmen.

Die vorherrschenden Gedanken nehmen dann auf dem Spielfeld Gestalt an. Wenn du aufhörst, dich auf das Flirten zu konzentrieren, auf das Auffallen, auf die Vorstellung, dass du flirtest, wirst du scheitern. Handeln Sie, ohne auf das Ergebnis zu achten, haben Sie Spaß.

V.F.X. 35

Wenn Sie sich selbst als einen großartigen Flirt sehen, der alles Gute verdient, mit Vertrauen handeln und durchhalten, gehört der Markt Ihnen.

Die Frauen merken, wenn du so lebst, und deine Attraktivität steigt in ungeahnte Höhen. Das ist wichtiger als der Körperbau, der ohne den Geist wie ein schönes Auto mit wenig Motor in einem Rennen ist.

Der Körperbau ist das Design, er zieht an und erleichtert das Interesse erheblich. Sie kann, wenn sie hervorragend ist, leichte Siege bringen, aber keine dauerhaften ohne das andere Element. Wenn der Körperbau mit dem Motor, dem siegreichen Geist, einhergeht, dann wird man zu einer furchtbaren Wettbewerbsmaschine. Dann werden Sie nicht in der Lage sein, so viele und so große Siege zu bewältigen.

Elemente des Erfolgs.

- Physisch.
- Sich selbst über sie zu stellen.
- Unnötig zu sein.
- Macht Spaß.
- Ein harter Kerl und böser Junge.
- Konzentration auf den Markt.
- Seien Sie zuversichtlich.
- Positive Einstellung.

All dies macht Ihr erfolgreiches Selbstkonzept aus, das Ihnen Moral und Selbstvertrauen verleiht.

Die ganze Maschinerie wird in Gang gesetzt, wenn wir anfangen, das Verb "handeln" zu verwenden.

Der Job, die Freunde, das Geld, die Klamotten, das alles macht es leichter, Aber was zählt, sind die Elemente des Erfolgs.

Lassen Sie Ihr Leben nicht an sich vorbeiziehen! Geben Sie sich nicht mit wenig zufrieden! Zögern Sie nicht! Ergreifen Sie die Gelegenheit, handeln Sie jetzt, jetzt!

Sagen Sie diese drei kraftvollen Sätze:

Ich bin ein Mann ohne Grenzen!

Ich habe die Macht!
Ich kann alles tun!

Die Macht des Gewinners

Ich habe die Macht und die Kraft
    Was mich zu einem Gewinner macht
ist eine Gabe, die nur sehr wenige besitzen
Ich werde mir dieser Macht bewusst
Ich denke an die Erfolge
Und ich frage mich
Macht das jemand?
Natürlich nicht
Mit all meinen vorhandenen Qualitäten jetzt
Und viele andere, die ich mehr und mehr entwickle
Ich kann und will erreichen
Alles, was ich wünsche
Weil ich mich zu einem Gewinner entwickelt habe!

Die Gesetze des Marktes

Gesetz I. Der Markt bewegt sich, gehen Sie mit dem Markt.

Alles ändert sich, und der Markt ändert sich schnell. Trendige Orte erscheinen und verschwinden wieder. Die Musik wechselt, die Mädchen wechseln, die Verführer wechseln. Die Ausgehmöglichkeiten und sogar die Vorlieben des Marktes ändern sich. Wenn Sie Erfolg haben wollen, müssen Sie mit dem Markt gehen.

Gesetz II. Auf dem Markt herrscht die natürliche Auslese.

Nur die am besten Angepassten und Vorbereiteten haben Erfolg. Diejenigen, die nicht alle ihre Waffen parat haben, erliegen ohne Erlass. Der Markt untergräbt die Moral derjenigen, die nicht erfolgreich sind, und wenn sie ihre Ergebnisse nicht ändern, sind sie gezwungen, sich zurückzuziehen. Andere haben ihr Ziel, eine Freundin zu haben, erreicht und sich zu ihrem eigenen Vergnügen zurückgezogen. Nur wer auf dem Markt lebt und sich an seine Gesetze hält, hat Erfolg.

Gesetz III. Der Lehrplan gibt die Siege nicht her.

Wer glaubt, dass er leicht gewinnen kann, weil er in der Vergangenheit ein Meister war, der irrt sich. Wenn er sich nicht maximal anstrengt, wird er keinen Erfolg haben. Nur mit maximalem Einsatz und einem Leben am und für den Markt kann man erfolgreich sein.

Gesetz IV. Wer seine Waffen optimiert, triumphiert mit Sicherheit.

Ein ausdauernder, konzentrierter und starker Geist. Sie überwindet Widrigkeiten. Ein Gewissen eines attraktiven und interessanten Mannes. Ein Geist, der sich des Triumphes für würdig hält. Ein gut gepflegter

V.F.X.

und auf sein Gewicht abgestimmter Körper verschafft einen enormen Startvorteil, der den gesamten Prozess erleichtert.

Gesetz V. Der Markt wählt Sie für den Erfolg aus.

Es ist der Markt selbst, der Sie auswählt, aber warum? Weil Sie seine Gesetze respektieren. Sie übermitteln unterschwellig die Informationen, die der Markt verlangt, und deshalb sind Sie zum Sieg berufen.

Gesetz VI. Auf dem Markt ist alles möglich.

Der Markt ist ein freier und offener Ort, und wie weit man auf ihm kommt, hängt von der eigenen Magnetkraft ab. Es gibt keine Grenzen. Respektieren Sie seine Gesetze, und der Markt wird Ihnen alles, was Sie wünschen, in exorbitanten Mengen geben.

Gesetz VII. Der Markt hat immer Recht.

Versuchen Sie nicht, dagegen anzugehen, sondern fließen Sie mit ihm. Beschwerden vom Markt sind sehr nützlich, denn sie zeigen uns die Fehler und den Bereich, in dem wir uns verbessern können. Seien Sie in diesem Fall bescheiden und bemühen Sie sich, sich zu verbessern.

Gesetz VIII. Ein Engagement auf dem Markt ist sicherer als keine Freundin.

Wenn man eine Freundin hat, wird man unkonzentriert und gibt sich auf dem Markt keine Mühe. Aber die Freundin, von der Sie glauben, dass sie Ihnen Stabilität und Sicherheit gibt, ist nur eine individuelle Ausprägung des Marktes. Eine der Millionen von Varianten. Sie haben Fische, aber Sie wissen nicht, wie man angelt.

Als Marktteilnehmer haben Sie jeden Tag unendlich viele Möglichkeiten, und der Markt versorgt Sie mit allem, was Sie brauchen, in tausend und einer Form. In tausend und einem verschiedenen Mädchen. Sie alle gehören zu ein und demselben Wesen, aber in unterschiedlichen Erscheinungsformen.

Gesetz IX. Aus Anhaftung entsteht Angst, und aus Angst entsteht Versagen.

Wenn wir uns an eine Manifestation des Marktes (ein Mädchen) binden, werden wir Angst haben, sie zu verlieren, und wir werden nicht auf dem Markt arbeiten. Deshalb wird es auf beiden Seiten zu Misserfolgen kommen, auf der manifesten, dem Mädchen, weil es Angst und Schwäche zeigt, und auf der unmanifesten, dem Markt, weil es nicht funktioniert.

Gesetz X. Visualisierung ist für den Erfolg unerlässlich.

Man muss sehen, dass man Erfolg hat, und das Gefühl haben, dass man es bereits geschafft hat. Dann wird sich dieses Gefühl bald in der offensichtlichen Realität manifestieren und das, was ihr geschaffen habt, wird ankommen.

Gesetz XI Konzentration und Energieeinsparung.

Unser persönlicher Magnetismus, unsere Energie, unsere Aura, unsere Kraft, kommt von unseren Gedanken. Wir sollten uns auf sie konzentrieren. Unser Energiesystem darf nicht in Form von negativen Gedanken auslaufen, und wir dürfen auch nicht zulassen, dass andere unsere Moral dämpfen. Du bist, was du denkst, erlaube keine Energieverluste.

Gesetz XXII. Das oberste Gesetz.

Dies ist die große Offenbarung, die Quelle aller Macht. Sie sind Teil des Marktes, sie sind Teil des Marktes, die Konkurrenz ist Teil des Marktes, die Räumlichkeiten sind Teil des Marktes. Was einen Teil betrifft, wirkt sich auf das Ganze aus. Ein Mädchen bekommt einen Freund, und der Markt merkt es. Wenn eine Kneipe schließt, merkt es der Markt. Sie sind mächtig, der Markt merkt es und gewinnt an Macht. Denn "Sie und der Markt sind eins".

Was immer Sie dem Markt Gutes oder Schlechtes antun, tun Sie sich selbst an. Wenn Sie ihn gut behandeln, wird er es Ihnen zurückgeben, wenn Sie gegen den Markt wettern, wird er Sie zurückweisen. Lieben und akzeptieren Sie den Markt. Behandeln Sie den Markt und seine Erscheinungsformen nicht schlecht. Sie sind nicht besser als der Markt. Liebe den Markt, es ist der Markt, der dir alles gibt, Freundinnen, Liebhaber, Vergnügen, Liebe. Der Markt ist das Leben.

Gesetz XIII. Teil-Märkte.

V.F.X. 41

Der Markt hat Teilmärkte, die sich aus der Gruppierung von Gleichgesinnten ergeben. Sie können auf jedem dieser Märkte erfolgreich sein, wenn Sie ihre Prinzipien befolgen, die die des globalen Marktes und die jedes einzelnen Marktes sind. Denken Sie daran, dass Sie nicht unbedingt zu diesem Teilmarkt gehören müssen, sondern nur so aussehen müssen, als ob Sie dazugehören.

Gesetz XIV. Der Narr wandert, der Weise handelt.

Der Markt braucht Menschen, die handeln, die zuhören, die reden, die ihren Beitrag leisten. Auf diese Weise profitieren sie und der Markt. Der Markt will Aktion, Austausch, Geschäfte, Austausch, Transaktionen. Untätigkeit ist immer schlecht. Je mehr Sie sich mit dem Markt beschäftigen, desto mehr werden Sie ihn kennen und davon profitieren.

Gesetz XV. Sie haben sie immer im Griff.

Die Anwendung dieses Gesetzes ist von grundlegender Bedeutung und muss mit der richtigen Einstellung erfolgen, um nicht gegen das Gesetz XXII zu verstoßen: Man muss den Markt und seine Erscheinungsformen lieben. Bei der Interaktion muss man sich selbst über diese Erscheinung stellen, immer mit Respekt und Spaß. Seien Sie kein Zuhälter. Wenn sie denkt, dass Sie ihr unterlegen sind, werden Sie nicht attraktiv sein. Sie muss beim Tausch gewinnen, und deshalb sucht sie sich Männer von hohem Wert.

Gesetz XVI. Sei ein böser Junge.

Der Markt wird es Ihnen mit vielen guten Äußerungen vergelten, aber auch mit der Ablehnung durch einen Teil davon. Der böse Junge mit dem schamlosen und schurkischen Aussehen wird vom Markt geliebt, wenn er nicht zu böse ist, oder selbst wenn er es ist.

Gesetz XVII. Sei kein braver Junge.

Der gute und süße Junge wird vom Markt mit Wucher bezahlt, und es wird ihm verwehrt sein, eine große Anzahl von Erscheinungen zu bekommen. Aber nach langem Warten wird er das bekommen, wovon er träumt. Der gute Junge verliebt sich und verliebt sich deshalb wenig, das ist umgekehrt proportional. Am Ende bekommst du, was du gibst, und du wirst das bekommen, was du suchst, die Freundin. Der Markt mag diese Leute nicht, weil sie den Markt nicht bewegen, sie lieben nur eine Erscheinung, nicht den Markt, deshalb lehnt er sie ab.

Gesetz XVIII. Passen Sie sich der Demonstration an.

Lieben Sie den Markt und passen Sie sich an jedes Mädchen an, damit Sie dem Markt und sich selbst dienen.

Gesetz XIX. Viel Spaß auf dem Markt.

Haben Sie Spaß, denken Sie nicht an das Ergebnis, sondern genießen Sie den Prozess. Der Markt ist gut, er ist großzügig, er ist Liebe. Sei dabei und sei der Markt. Sie stirbt nie, sie erneuert sich immer wieder. Sei der Markt.

Gesetz XX: Der Markt ist die Liebe.

Es ist kein Kampf, man besiegt niemanden, man wird auch nicht besiegt, man gibt und empfängt, man gibt Liebe, Freude, Spaß. Der Markt will es und schätzt es sehr.

Gesetz XXI. Bittet und es wird euch gegeben werden.

Fragen Sie ohne Angst, egal was sie sagen, versuchen Sie nicht, jemanden davon zu überzeugen, wie gut es ist, den Markt zu bedienen. Fragen, visualisieren und handeln. Der Markt wird Sie großzügig entlohnen und Ihnen etwas geben, das noch besser ist als das, worum Sie gebeten haben.

Gesetz XXII. Die Bestrafung des Schurken.

Der Schurke wird bestraft, mit Hunderten von schönen Mädchen, Sex zum Bersten und viele in ihn verliebt, wenn er hart ist. Das ist die Strafe.

Die zehn Gebote des Gewinners

1. ich habe großes Vertrauen in mich selbst.
2. ich fühle mich immer sehr attraktiv.
3. das Ergebnis ist mir gleichgültig.
4. Ich erzähle ganz natürlich und mit großer Leichtigkeit.
5. Ich bin kühn und mutig.
6. Ich bin immer fröhlich und optimistisch.
7. Ich mache andere glücklich.
8. Ich habe Vertrauen in meine eigene Kraft.
9. Meine Beziehungen sind spannend.
10. Ich genieße das Leben jeden Tag.

Der starke Mann

Der selbstbewusste Mann kann alles schaffen
    Attraktiv, charismatisch und frech
Der sich entscheidet, sein Leben ohne Grenzen zu leben
Mann mit interessantem Aussehen
Der Weisheit ausstrahlt
Fließend in der Sprache und kraftvoll im Körper
Einem solchen Mann wird es nie an etwas fehlen
Und er kann sein, was immer er sein will.
Dieser Mann
Ich bin es!

Das Leben eines Fickers

Manche sehnen sich nach einer Freundin, auch wenn sie nicht von höchster Qualität ist. Der Wunsch, in den Ruhestand zu gehen, ohne überhaupt angefangen zu haben. Ohne zu verstehen, ohne zu sehen, sich im Vertrauten, in ihrer Komfortzone wohl zu fühlen. Wünschend, idealisierend, bewundernd. Sie sind frustriert und tun wenig, um selbst das zu erreichen.

Während diese Gedanken in den Köpfen dieser Leute herumschwirren, gibt es ein paar Erleuchtete, die im Land der Blinden wirklich sehen. Die Gesellschaft erzieht sie, und sie folgen ihrem Diktat buchstabengetreu und versuchen, unbemerkt zu bleiben und nicht aufzufallen. Das ist es, was es bedeutet, mit der Norm zu brechen.

Einige wenige von uns streben nach mehr, indem sie sich offenbaren, kämpfen und sich bemühen. Wir sagen: Ich kann es schaffen, ich glaube an mich!

Nach und nach erreichen wir unsere Ziele und verwerfen die der anderen, weil wir glauben, dass wir es können.

Und wir sehen, dass...

Eroberung ist das, was uns bewegt.

Keine Frau ist einer anderen in allem überlegen.

Je mehr du überholst, desto mehr werden sie hinter dir her sein.

Je dreister, desto besser.

Während einige sich zurückziehen, weil sie nichts mehr zum Markt beitragen können, können wir uns nicht zurückziehen, selbst wenn wir es wollten.

Wir sind gut darin, zu verführen, und der Markt will, dass wir dabei sind.

Wenn wir mit einer Frau sprechen, die wir mögen, mag sie uns und sie mag uns auch.

Auch wenn sie ihr Spiel des Widerstands spielen, wollen sie es genauso wie Sie.

Je mehr Erfahrung Sie haben, desto einfacher ist es für Sie. Umso mehr schätzen sie Ihre Dienste.

Eine Freundin zu haben oder zu heiraten ist nicht unser natürlicher Zustand.

Wir sind die Besten, die Begehrten, die Beneideten.

Es wird schwer für sie sein, uns zu fangen.

Jeden Abend gibt es einen tierischen Markt, den wir ausnutzen.

In einer einzigen Nacht auf dem Markt können wir mehr bekommen als in einem ganzen Leben der Guten.

Ein einziger Moment auf dem Markt, in dem ein ausgezeichnetes Geschäft gemacht wird, ist mehr wert als ein ganzes Eheleben.

Durch Verführung ist man lebendig.

Das Gefühl der Macht wird nicht von einem Mädchen gegeben, sondern von deiner Fähigkeit zu erobern.

Wir müssen uns amüsieren.

Wie gut die Mädchen sind.

Wir sind Schürzenjäger und wir sind stolz darauf.

Mädchen lachen über die Weicheier und begehren attraktive und kluge Männer.

Mädchen wollen uns stabilisieren, und wir ziehen es vor, dass sie jemand anderen finden.

Und deshalb wissen wir, dass ....

Wir sind Jäger, Jäger von schönen Mädchen.

Und wir werden jede Nacht feiern, als wäre es unsere letzte.

Der Jäger ist der Beste.

Der Jäger ist das Nonplusultra
Er ist der Gewinner
Der Scheitelpunkt der Pyramide
Das Raubtier
Jeder fürchtet ihn
Alle hassen ihn
Alle beneiden ihn
Alle lieben ihn
Keiner fordert ihn heraus
Keiner hindert ihn
Er kann mit allem umgehen
Seine Macht überströmt
Nichts hält ihn auf
Er jagt die beste Beute
Mit Kraft packt er sie an
Es ist zum Bersten voll
Und setzt seine Jagd fort
Landwirte geben sich große Mühe
sich um ihr Land zu kümmern
Der Jäger weiß, dass das keine gute Geschichte ist.
Anstrengung wird nicht belohnt
Es ist hungrig und es ist harte Arbeit
Der Jäger muss selten hungern
Die Beute füllt sich selbst auf

Sie sind bunt, das Feld ist immer gleich
Der Jäger ist nicht auf einen einzigen Abschuss angewiesen
Der Landwirt ist auf sein Land angewiesen
Es ist immer Zeit, ein Landwirt zu sein
Das Land kultivieren
Nur die Guten
Diejenigen, die fit sind
Können Jäger sein
Wie gut die Jäger ernährt sind
Der Adler jagt das Kaninchen
Der Aasgeier frisst Aas
Der schöne, starke, mächtige Adler
Der hässliche, krabbelnde Geier
Der Konformist weiß es
Er strebt nach Stabilität
Die Landwirtschaft, das Beamtentum, die Sicherheit
Niemals das Aufregende
Es ist riskant, still zu stehen
Der Jäger ist immer auf der Suche
Er wechselt sein Revier und sucht das Abenteuer
Berühre die Herrlichkeit
Nur derjenige, der Risiken eingeht, gewinnt
Der Jäger ist der am meisten
Er hat alles, was er braucht
Auf tausend Arten
Keine Anhänge
Frei wie der Adler
Jeder fürchtet ihn
Sie kritisieren ihn von vorne
Sie seufzen von hinten
Weil ich eine neue Beute bin
Ich werde bezahlt werden!

Frauen im digitalen Zeitalter

Es hat sich nie gelohnt, für eine Tante einen Umweg zu machen. Aber heute, im Zeitalter des Internets, können wir sagen, dass der Marktwert eines Mädchens gegen Null tendiert.

Es gibt tonnenweise Dating-Apps, mit denen du ein Mädchen abschleppen kannst, ohne dass du irgendetwas tun musst, ohne dass du dich treffen musst, und sie mögen dich bereits online. Das Einzige, was man tun kann, ist, die Spreu vom Weizen zu trennen und Menschen ohne Worte und Moral auszusortieren. Das ist die Aufgabe. 90 % sind Menschen von geringem Interesse, aber 10 % sind etwas wert.

Aber sind sie etwas wert? Sind sie es wert, ein wenig zu behalten? Nein!

Der Markt selbst sagt Ihnen, wo Sie stehen. Wenn man eine Person verlässt, auch wenn sie nichts besonders Schlimmes getan hat, nur weil sie ein bisschen weit weg ist, oder weil sie kein Wunder ist, dann macht das nichts. Noch am selben Tag werden Sie drei oder vier weitere treffen.

Frauen und der Marktpreis

Wir leben in einer Welt, die von Frauen dominiert wird, zumindest was das Wichtigste angeht, die Fortpflanzung. Sie werden sagen - das ist verrückt - nein, es ist absolut wahr. Sie sind diejenigen, die entscheiden, die ja oder nein sagen, wenn eine Frau ein Kind haben möchte. Wenn eine Frau es will, ist es leicht, es zu finden! Wenn ein Mann will, muss er eine Frau finden, die auch mit ihm will. Das ist so, weil wir Männer die Bedürftigen sind und alle oder fast alle von uns fast alles als selbstverständlich ansehen, solange wir etwas bekommen können.

Eine Frau, egal wie hässlich sie ist, hat immer ihre verzweifelten Verehrer, und das lässt sie wachsen und glauben, dass sie etwas wert ist, auch wenn sie in Wirklichkeit wertlos ist. Nur die Herren akzeptieren diese Regel nicht, die für verzweifelte Männer gemacht wurde, für die alles möglich ist. Angesichts der hohen Nachfrage erhöhen sie den Preis und wollen teuer, sehr teuer, zu inakzeptablen Preisen verkaufen. Deshalb werden Frauen überbewertet, und ich sage: Genug ist genug! Das mag der Preis sein, den andere zahlen, aber nicht ich. Der Marktpreis, zu dem sie verkaufen, ist das Ergebnis eines Marktes, der sich aus Menschen zusammensetzt, die keine Verführungskünste besitzen, und daher ist er kein fairer Preis.

Wann hat sich jemals eine Frau darüber beklagt, dass sie hässlich ist oder sich unattraktiv fühlt - nie - und oft ist sie umso hässlicher, je mehr

V.F.X. 51

sie sich dafür hält. Wehe dem, der zu dem von ihr festgesetzten Preis kauft.

Wir Lehrer lehnen diese Preise rundweg ab und bewerten zum tatsächlichen Marktpreis. Ohne Überbewertung und ohne Bedarf gehen wir davon aus, dass wir genauso viel oder mehr wert sind als die Besten. Das ist der Preis, der Preis des Lehrers. Sie sind diejenigen, die sich um den Preis, der ich bin, bewerben müssen. So gewinnen Sie, indem Sie ihnen ein wenig Wertschätzung entgegenbringen und Ihnen viel Wertschätzung entgegenbringen. Wenn wir jemals etwas kaufen, dann nur, weil wir die Hand aufhalten, aber sie haben es nicht verdient. Ein Meister telefoniert nicht zu viel, kümmert sich nicht und will keinen guten Eindruck machen. Ein Meister verkauft zu dem Preis, den sein Meister verlangt.

Bittet und es wird euch gegeben werden

Was passiert, wenn Sie fragen? Sie wird Ihnen wahrscheinlich gegeben werden. Das Universum spricht, man muss nur zuhören.

Willst du flirten? Frag und du wirst es sein.

Willst du reich sein? Bittet und es wird euch gegeben werden.

Hören Sie einfach zu, und wenn Sie es gehört haben, machen Sie sich an die Arbeit. Mit großer Sicherheit wird das, worum Sie bitten, eintreten. Die Wahrheit und das Leben sind da. Ihr Denken verändert die Realität und Sie selbst, weil Sie nicht mehr derselbe sind. Du bist, was du denkst. Frauen, die Sie verwirklichen, Geld fließt, Gesundheit gedeiht, Glück wächst. Sind Sie ein schönes Mädchen? Dann werde ich dich sehen, denn ich werde mich auch materialisieren und bald wirst du mich bei dir haben. Das ist die Wahrheit und das Leben, lasst uns feiern!

Ficker-Haltung

Der Wichser glaubt nicht, dass er Sex haben wird.
  Er weiß es
Er wartet nicht ab, er schlägt zu
Er schwafelt nicht.
Bringt es auf den Punkt
Er schaut nicht, er sieht
Fühlt sich immer gut an
Selbstbewusst und attraktiv
Das Arschloch ist trotzig
Bereit und entschlossen
Bevor er geht, weiß er, dass er etwas Besonderes ist
Und dass es einen Sieg geben wird
Und wo immer er hingeht, wird er triumphieren
Dass er, egal was passiert, triumphieren wird
Er ist von nichts und niemandem abhängig
Und auch unter den schlimmsten Umständen wird er triumphieren
Und je mehr Zeit vergeht, desto mehr wird er triumphieren.
Denn er ist weiser
Weil er ein Arschloch ist
Er hat Haltung
Und nichts wird sie ihm nehmen
Was uns leben lässt
Die Ficker-Haltung
Je mehr du hast, desto mehr bekommst du

Für deine verdammte Einstellung
Mehr und leichter
Ficker-Haltung
Glücklich und sorglos
Einstellung Ficker
Stirbt nie
Du Scheißkerl mit deiner Einstellung
Ich habe die Einstellung eines Fickers

Verhalten in Gegenwart von Mädchen

Das Verhalten, das Mädchen am meisten mögen, ist ein fröhlicher, lustiger, frecher und charmanter Kerl zu sein. Du musst ihnen vermitteln, dass du ein Mann bist, der eine stärkere Realität hat als sie. Dass du mehr weißt, dass du mehr Dinge kannst. Sie werden sie als Mädchen sehen, die keine Ahnung haben. Frauen sind sehr intuitiv, und sie sehen, wenn du zu klug bist, dann eliminieren sie dich oder betrügen dich. Deshalb sagte Casanova "Täuschung beruht auf Gegenseitigkeit".

Was Sie verführerisch macht, ist nicht Ihr Körperbau oder Ihr Gesicht, sondern Ihr Verhalten, Ihr verführerisches Männerprogramm, Ihre Software.

Heutzutage ist das Internet eine unerschöpfliche Quelle für unkomplizierte Beziehungen und Gelegenheitssex. Man kann viele gleichzeitig haben, und man kann mehrere Fernbeziehungen führen, in denen man sich einmal im Monat sieht. Deshalb sind Verführerinnen heute mehr denn je in Mode.

Flirten in der Arbeitsumgebung

Für mich ist der Flirt wie ein großartiger Schauspieler, der es versteht, Menschen gut zu interpretieren und zu verstehen, was sie durch ihre Worte und Gesten mitteilen. Er fängt das Wesen der Menschen ein und geht über das uns gegebene Bild hinaus. Diese globale Sicht auf die Person liefert uns Informationen, die uns Wettbewerbsvorteile verschaffen. Ein Mensch ist global, hat aber drei Verhaltensweisen: professionell, freundlich und liebevoll. Jede dieser drei Rollen oder Verhaltensweisen ist nicht die Person, sondern die Art und Weise, wie sich die Person in diesem Bereich verhält. Wenn wir in einem beruflichen Verhalten Gesten oder Worte erkennen können, die aus diesen anderen Sphären stammen, haben wir Macht über diese Person.

Der Flirt vergisst nie seine Liebesrolle und achtet auf diese Signale. Er erstellt eine globale Karte der Person. Der Verführer sieht keine hübsche Lehrerin, die einen Vortrag hält. Der Verführer sieht ein Mädchen, das davon profitieren kann. Er sieht ein Mädchen und spürt, dass sie in seiner Reichweite ist. Wenn er mit ihr spricht, wird es beruflich sein, aber nicht nur darüber. Es müssen mehr Themen angesprochen werden, um sich nicht auf eine berufliche Beziehung zu konzentrieren. Professionelle Gespräche sind bei heißen Mädchen nicht sinnvoll. Wir müssen uns in die Frau hinter dem Profi hineinversetzen, die Selbstbewusstsein und Selbstvertrauen ausstrahlt. Gehen Sie zur Show.

Diese professionellen Kontakte sind einfacher, weil sie es nicht erwarten, du hast die perfekte Ausrede und es ist nicht klar, dass ihr euch treffen werdet. Sie haben es auch leicht, Telefonnummern zu bekommen. Flirten wir also auch in einem professionellen Umfeld, natürlich.

Regeln für das Flirten

1. das Selbstkonzept eines hohen Selbstwertgefühls.
2. ein überwältigendes Selbstvertrauen.
3. großartiger Kommunikator.
4. Angenehm, lustig und geil.
5. Dominant in jeder Situation.
6. Ehrgeizig und intelligent, positiv eingestellt.
7. Losgelöst vom Ergebnis.
8. Liebevolle Zurückhaltung, sich nicht verlieben und weniger brauchen als sie.
9. Ständiges Engagement für den Markt.
10. Positive Visualisierung von Erfolgen.
11. Ermutigen Sie zu Geheimnissen.
12. Seien Sie interessant, unberechenbar, faszinierend.
13. Schränken Sie deren Zugang zu Ihnen ein.
14. Begehrt zu sein, indem man sich selbst immer über sie stellt.
15. Sie streben danach, jede attraktive Frau überall und jederzeit verführen zu können, unabhängig von Ihrer körperlichen Erscheinung.
16. Ihre Arbeitsmittel sind Ihre Ideen, nutzen Sie sie zu Ihrem Vorteil.

Der erfolgreiche Mann

Wenn ein Mann ein bestimmtes Maß an Selbstwertgefühl erreicht hat, ist es der Markt selbst, der es verlangt. An diesem Punkt ist jeder Rückzug nutzlos, denn auch wenn der erfolgreiche Mensch nicht ausgeht und versucht, Versuchungen zu vermeiden, ruft ihn das Leben selbst. Das muss er auch sein. Er muss seiner Vernunft folgen. Auch wenn er es nicht will, ist dies seine Lebensaufgabe. Wo immer er sich aufhält, bleibt er dem intelligenten Auge nicht verborgen. Wie sehr er sich auch abkapselt, der erfolgreiche Mensch triumphiert trotzdem. Mit der Ruhe desjenigen, der nichts sucht, findet der erfolgreiche Mensch. Und mehr noch: Der Leistungssportler im Ruhestand leistet mehr als der aktive Narr. Denn diese Haltung und diese Präsenz, die man durch Selbstvervollkommnung erlangt, kann niemals erreicht werden. Und er muss immer auf den Ruf des Marktes hören, der ihn zurückruft, dass er gebraucht wird. Immer wieder deutet er Möglichkeiten an, die andere nie erfahren werden.

Müssen wir uns einschließen und zu allem nein sagen - Keine Freunde - So wie der Löwe jagen muss und notwendig und gut ist, muss der Ficker existieren, um das Leben der Mädchen mit intensiven Gefühlen zu erhellen.

Der Markt wird von den Ersatzprodukten, die auftauchen, wenn Sie nicht dabei sind, gelangweilt. Und sie erkennt und schätzt bald die Qualitäten eines wahren Meisters. Der, selbst wenn er nicht in Form ist und untrainiert, in Ihrer Umgebung perfekt funktioniert. Denn sie wird nie vergessen.

Wir sollten auf den Markt hören und seine Bedürfnisse befriedigen, denn dafür sind wir da.

Der erfolgreiche Mann weiß, dass die Unterschicht ihn nicht richtig einschätzt und dass nur die heißen Mädels ihn schätzen. Die nicht so heißen Tussis machen Beleidigungen, um sich einen Status zu verschaffen.

Die Unternehmen des erfolgreichen Mannes müssen sich daran messen lassen oder zumindest nicht davon ablenken.

Wenn der Markt Ihnen eine Chance bietet, ist es ein Sakrileg, diese nicht zu nutzen. Wenn sie fehlt, entsteht ein Ungleichgewicht der Kräfte, das zu einer Krise führt. Sie haben die Chance bekommen, weil Sie sie verdient haben, und Sie können nicht weniger haben, als Sie verdienen. Um Ihre Chancen zu maximieren, sollten Sie mehrmals in der Woche ausgehen, immer in Bestform, und jede Tätigkeit ausüben, die einen ständigen Kontakt mit Mädchen mit sich bringt.

Der Erfolgreiche hat nie Lust, etwas zu tun. Er tut immer, was er will. Der erfolgreiche Mann braucht nur eine Nacht, um sich niederzulassen, oder höchstens eine Woche. Wenn er diese Zeit überschreitet, ist sie es nicht wert. Der erfolgreiche Mann ist an nichts und niemanden gebunden, außer an sein Gewissen als erfolgreicher Ficker.

Die Maximierung von Vergnügen, Spaß, Bereicherung, Gesundheit und Wissen sind die 5 Säulen, denen jeder erfolgreiche Mann folgen muss.

Wenn Sie kritisiert werden oder jemanden verletzen, dann liegt das zweifellos an Ihrer Weichheit, Ihrer Unsicherheit oder Ihrem Neid und sollte Sie überhaupt nicht beunruhigen.

Der erfolgreiche Mann freut sich über sein Resümee von Liebe, Sex, Spaß am Leben, Besitz, Geld, Körperbau und Weisheit, und das ist gut so und wird so bleiben.

Keine Gnade

Harte Muskeln und gebräunte Haut
    Lächelndes Gesicht, Anhänger und Sonnenbrille
Kühles Haar
Kräftiger Torso
Netter Kerl
Gewinnendes Gesicht
Gute Kleidung, gutes Aussehen
Du gehst selbstbewusst auf die Straße
Du brichst das Brot
Schneiden des Kabeljaus
Aussehen des Gewinners
Du hast keine Angst vor irgendetwas, du bist stark
Nichts hält dich auf
Was Sie wollen, bekommen Sie leicht
Die kleinen Mädchen können es spüren
Sie spüren die Macht
Die Macht des Gewinners
Die Macht des verdammten Meisters
Derjenige, der sie alle fickt
Es gefällt ihnen und sie wollen mehr
Du hörst ihnen nicht zu
Und so gut machst du dich
Was ist mit Ihnen los?
Hier bin ich! unabhängig von der Zeit und den Jahren

Hier bin ich und kämpfe den Krieg
Und ich denke, dass dies
Weshalb bin ich hierher gekommen?
Ich bin gekommen, um sie alle zu ficken

10 gute Taten

Stell dich deinen Ängsten
    Positiv denken
Dare
Aktiv sein
Sorge für andere zeigen
Setzen Sie erreichbare und anspruchsvolle Ziele
Authentisch sein
Vertrauen in sich selbst
Nicht aufgeben
Du denkst, du hast es verdient

Mystische Sprichwörter

I   Der Narr geht, ohne zu sehen, wohin er geht
Berührung ohne Gefühl
Schmecken ohne zu schmecken
Atmet ohne zu riechen
Er hört, ohne zuzuhören
Und existiert ohne zu leben
II
Der triumphierende Mann
Bewegt sich beim Gehen vorwärts
Fühlen durch Berühren
Geschmack, wenn er isst
Riechen Sie, wie er atmet
Hört durch Hören zu
Und lebt von der Existenz
III
Ein einziger Augenblick im Leben eines intelligenten Menschen reicht aus, um die Lehre zu verstehen, sie in die Praxis umzusetzen und für immer zu verinnerlichen.

IV

Das ganze Leben eines Narren reicht nicht aus, um die Lehre zu verstehen, sie zu verinnerlichen und anzuwenden, auch wenn hundert Jahre vergehen.

V

V.F.X.

Wer mit Dummköpfen verkehrt, wird kritisiert, ohne dass sein Handeln in irgendeinem Zusammenhang steht.

VI

Er, der versteht, dass alles fließt, dass Mädchen kommen und gehen.

Dass es gute und schlechte Zyklen gibt und dass es unnatürlich ist, sich zurückzuhalten, das ist der Erleuchtete.

VII

Derjenige, der seine Mission niemals aufgibt, ohne Anhaftung, der von der Geburt bis zum Tod immer wieder Neues schafft. Das ist der Auserwählte.

VIII

Derjenige, der bereit ist, alles zu tun, um seine Ziele zu erreichen. Er wird sie zweifelsohne erreichen.

IX

Ein kurzer Entschluss ist ein ganzes Leben voller Zweifel wert.

X

Er, der sein ganzes Leben lang die Frauen wechselt, ohne sich darum zu kümmern. Zu erkennen, dass sie alle gleich sind, egal in welcher Form sie auftreten. Dieser ist erleuchtet.

XI

Derjenige, der versteht, dass das Leben ein unaufhörlicher Fluss von Frauen ist, ohne sich an eine bestimmte Frau zu binden, und der sein Leben auf diese Weise lebt. Er lebt.

XII

Er, der versteht, dass man nur in der Eroberung lebendig ist. Er ist ein Wesen des Lichts.

XIII

Wer weiß schon, dass der beste Sieg der nächste ist. Er sieht das Licht.

XIV.

Derjenige, der versteht, dass das Vergnügen nicht das Monopol einer Frau ist. Er ist ein weiser Mann.

XV

Der Narr hält sich an das Bekannte und der Gewinner an sein erfolgreiches Gewissen.

XVI

Schenkt dem Narren Glauben, der ihn bald durch seine schlimmen Taten widerlegen wird.

XVII

Der erfolgreiche Mensch ist bei den Mittelmäßigen immer unerwünscht.

XVIII

Der verliebte gute Freund, der bereit ist, alles für seine Geliebte zu tun, hatte nie ein Interesse.

XIX

Der charmante und unabhängige Junge triumphiert immer, der schelmische und harte Junge, der sich selbst mehr schätzt als alle anderen.

XX

Die härteste Arbeit, die einem aufgetragen werden kann, ist der Versuch, von einem Dummkopf verstanden zu werden.

XXI

Je törichter er ist, desto eher geht er Kompromisse ein. Der arme Kerl, der für den Markt unbrauchbar ist, zieht sich zurück, ohne angefangen zu haben.

XXII

Die Feindseligkeit, die die Erfolgreichen unter den Narren hervorrufen, ist direkt proportional zu ihrem Gefühl der Unterlegenheit.

XXIII

Weisen Sie den Gehässigen darauf hin, dass er sich bald für diese Demütigung rächen wird.

XXIV

Die Liebe ist nicht auf eine Frau beschränkt.

XXV

Wissen ist Macht, wenn wir es in die Praxis umsetzen

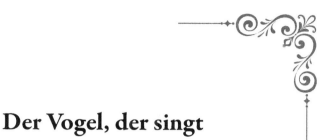

Der Vogel, der singt

Der Vogel, der singt, hat Freude,
    Der Vogel, der singt, ist schön
Es hat Glück
Es ist ein Lied des Sieges
Wir können sagen, dass sie uns mit ihrem Gesang erleuchtet
Es ist eine natürliche Musik, die aus der Freude am Leben entspringt
Der Vogel, der singt, hat alle Reichtümer
Die inneren
Wir müssen wie der Vogel sein, der singt

Reflexionen

Die besten Dinge im Leben werden nicht bezahlt, sie sind oft umsonst und liegen da und werden verschwendet.

Den Sonnenaufgang sehen, in einem Fluss baden, nachts an einen Strand gehen, ein Mädchen küssen, von einer Klippe ins Meer springen, frisches Wasser trinken, ein gutes Lied hören. Einem Freund zuhören, lachen, die Waldluft atmen.

Wir müssen jeden Augenblick genießen, denn wir haben nur die ewige Gegenwart und wir selbst bauen unsere Welt.

Wir müssen auch die Gegenwart akzeptieren, ob gut oder schlecht, denn die Gegenwart ist perfekt. Alles, was uns widerfährt, ist notwendig und gut für uns. Vielleicht nicht in diesem Leben, aber auf der geistigen Ebene.

Wenn man allein im Wald spazieren geht, vor allem nachts, wird einem klar, dass wir nicht alles über diese Welt wissen und dass dort vielleicht andere Wesen aus anderen Dimensionen leben. Es ist wirklich beängstigend.

Wenn wir uns Ängsten aussetzen, werden wir stärker und selbstbewusster, und diese Verbesserungen lassen sich auf jeden Bereich wie Arbeit oder Liebe übertragen.

Suchen Sie nach Ihrer Mission in diesem Leben, denn ich bin sicher, dass jeder eine hat, und nur sehr wenige sind sich dessen bewusst oder wissen, was es ist. Versuchen Sie, über sich hinauszuwachsen, und versuchen Sie zu verstehen, wer Sie sind, wer Sie waren und was Ihre

Aufgabe ist. Erinnern Sie sich daran, wie Sie als Kind dachten. Das bist du.

Meditiere über die Natur, lass deinen Geist leer werden. Die Offenbarungen werden in Form von Empfindungen und Gefühlen zu Ihnen kommen, die Sie kaum erklären können, aber Sie spüren sie.

Suchen Sie das Wohlbefinden eines Menschen, der mit sich selbst im Reinen ist. Verzeihen Sie sich Ihre Fehler und lieben Sie sich als das unvollkommene Wesen, das Sie sind.

Denn heute ist der beste Tag deines Lebens.

Die Trance

Durch die stampfende Wiederholung von Rhythmen, in der Regel der Trommel, wird ein veränderter Bewusstseinszustand erzeugt, in dem man sich seiner selbst oder seines Körpers nicht bewusst ist. Indem Sie den Rhythmus spüren, entkommen Sie sich selbst und verschmelzen mit dem Universum. Keine Drogen, nichts als die Musik. In dieser Trance können Sie sehr wichtige Offenbarungen über sich selbst und Ihre Mission erhalten.

Man muss sich der Musik bewusst sein, dem Rhythmus und sonst nichts, die Augen schließen und ihn spüren, sich darauf konzentrieren.

Man muss kein Schamane sein, denn ich glaube, dass in jedem Menschen und immer die ganze Weisheit des Universums steckt und dass man durch diese Handlungen die Informationen freisetzt, die man schon immer hatte. Üben Sie es, und wenn Sie wieder zu sich kommen, wird sich etwas ändern.

Alle Antworten sind in Ihnen selbst zu finden.

Ihr Auftrag

Ich glaube, alles geschieht aus einem bestimmten Grund, und wenn man ein Mädchen trifft, dann geschieht alles aus einem bestimmten Grund, und es ist das, was ihr beide braucht.

Wenn also ein Mädchen den Räuber trifft, der sie amüsiert, ihr Vergnügen bereitet, eine tolle Zeit hat und nach und nach geht, dann hat er ihr etwas gegeben, was sie brauchte, und das war es, was es sein sollte.

Sie hat dir auch ihre Sachen gebracht, und ihr seid beide weiser auseinander gegangen.

Deshalb ist Ihre Mission heilig.

Und wenn es zu einem harten Rückschlag kommt, ist das genau das, was Sie brauchen. Alles ist immer perfekt.

Und wenn man sich eines Tages verliebt und sich zur Ruhe setzt, dann ist das eben so, und es ist auch heilig.

Fließend.

Empfohlene Dinge

Abschließend möchte ich Ihnen meine Empfehlungen für Dinge geben, die ich interessant finde. Es soll nicht gesagt werden, dass ich keinen Beitrag leiste. Wenn Sie sie erforschen, werden Sie persönlich wachsen.

Die Musik von Moby
Die Musik von Franco Batiatto
Die Musik von M83
Die Musik von OMD
Die Musik von Rammstein
Der Song Das Gras der Illegalen
Biertrinken auf dem Gipfel eines Berges, allein oder mit zwei heißen Mädels.
Flüsse und Berge.
Ficken im Busch
Ausgehen und Feiern
Schwimmen bei Nacht am Strand
Küssen
Lachen
Dörfer erkunden
Die Natur erforschen
Meditieren
Sex-Festival
Springen von einer Klippe ins Meer (mit Vorsicht)
Biertrinken am Morgen (mit Vorsicht)

V.F.X. 73

Verführen
Schreiben Sie
Interessante Dinge erforschen
Ficken mit einer heißen Tussi
Kletternde Schlösser
Tauchen
Sport treiben
Paddle-Tennis
Auf der Suche nach Erleuchtung
Lange Spaziergänge in den Wäldern
Lesen mystischer und esoterischer Bücher
Visualisierung üben
Lernen über grünes Bauen
Eigener Strom und keine Abhängigkeit von Versorgungsunternehmen
Weniger arbeiten
Mehr genießen
Schenken Sie den Menschen intensive und angenehme Aufmerksamkeit, damit sie sich besonders fühlen.
Beisammensein
Geschichte lernen
Ökologisches Bewusstsein
Leichtes und kontrolliertes Trinken (mit Vorsicht)
Respekt für Tiere
Selbstverbesserung
Wiederbevölkerung des ländlichen Raums
Verlassene Dörfer
Einen Beitrag für andere leisten
Das Studium des Lebens von inspirierenden Menschen wie:
- Magellan
- Jorge Martínez, Sänger der Illegalen (zweifellos ein aufgeklärter Mann).

- Napoleon
- Shakelton
- Die Spartaner
- Ip-Mann
- Die berseker-Wikinger.
- Rasputin

Veranstaltungen wie:

Der Untergang Roms

Der Fall von Konstantinopel

Der Einfall der Goten in das Römische Reich

Die Schlacht bei Teutoburg

Die Schlacht am Berg Medulius

Die Kantabrischen Kriege

Mystische Themen wie:

Die Trance

Erleuchtung

Sufisten

Derwische

Regressionen in vergangene Leben

Magie

Die Ebenen der Existenz

Reinkarnation

Spirituelle Meister

Katharer

Essener

Gnostische Testamente

Asketen

Die Yogis

Die Fakire

Die Chakren

Kreative Visualisierung

Hexen

V.F.X.

Psychische Kräfte
Spirituelle Meister
Zeitspringen
Schamanen
Kelten
Druiden
Wicca
Meister der Kampfkünste
Das ki
Nicola tesla
Philip K. Dick
Lovecraf
El Cid
Magnetisches Schweben
Die Simulation der Realität und ihr Scheitern
Heilende Klänge
Diguitopunktur
Die Sternenkriegsmacht
Die Jedi
Religiöse Kriegerorden
Die Mönche
Der Samurai
Die Seeräuber
Die Aliens
Mu
Spukhäuser
Die Astralebene
Das Kibalion
Die Vimanas
Die Kornkreise
Die verwunschenen Wälder
Graf Sant Germain

Verlorene Zivilisationen
Die bosnischen Pyramiden
Die Giganten
Jesus Christus
Buddha
Hermes
Casanova
Die Ägypter
Asketen
Die Pyramiden
Hypnose
Mentalismus
Raum-Zeit-Wirbel
Tellurische Energien
Orte der Macht
Schwarze Löcher
Das Universum
Atlanter
Die Elfen
Astrale Parasiten
Wissenschaftliche Themen wie:
Die nächste Eiszeit
Quantenphysik
Neandertaler
Vulkane
Die Geschichte des Planeten
Megastädte
Megafauna
Der kleinwüchsige Bär
Kryptozoologie
Und vor allem, das Eine in allem und jedem zu suchen.

Ode an meinen Penis

Vorteile:
　　Das macht Spaß. Man trifft Menschen.
Benachteiligungen:
Das macht einen müde. Sie schwitzen.

LIEBER FREUND
　　Wie viele schöne Momente wir zusammen erlebt haben
　　Wie viele Mädchen haben wir getroffen
　　Innen und außen.
　　Was würde ich ohne dich tun?
　　Du verstehst mich wirklich
　　Immer bereit, dich in tausend und ein Loch zu stecken.
　　Du magst es, zu reiben, zu versinken und zu quetschen.
　　Du bist wie ein Maulwurf, der immer nach einer Höhle gräbt.
　　Deine natürliche Schüchternheit lässt dich in das erste Loch kriechen, das du findest.
　　Ich bin dein Diener
　　Ich versorge dich mit warmen, feuchten Grotten.
　　Um Ihnen mehr Komfort zu bieten.
　　Was für ein harter Arbeiter
　　Immer bereit, hart zu arbeiten
　　Wenn ich genauso wäre, wäre ich jetzt Millionär.
　　Diese engen kleinen Höhlen, diese dunklen Grotten

Wie schnell man eintaucht und wie schnell man sich zurückzieht.

Sie scheinen zu zögern.

Ich weiß nicht, warum, aber immer wenn wir dieses Höhlenspiel spielen, höre ich Schreie.

Du wirst nie allein gehen

Ich werde immer dein Führer sein und dich begleiten

Zu den am meisten gefürchteten Höhlen.

Vorteile des Womanizings für Frauen

Er betrügt nicht, indem er sagt, er sei treu.
- Er gibt Sicherheit. Es ist sicher, dass er untreu ist.
- Er gibt Seelenfrieden. Sie werden keine Zweifel an ihm haben.
- Er ist ein guter Liebhaber. Von so viel Übung.
- Er treibt sich nicht mit Kumpanen herum.
- Er ist kreativ. Um seine Alibis zu erfinden.
- Er hat keine Laster. Außer Frauen.
- Er bringt Überraschungen. Kleidung und Accessoires, die seine Geliebten verloren haben.
- Er bringt sie an exotische Orte. So können die anderen ihn nicht sehen.
- Es ist charmant.
- Es ist aufregend. Ständige Streitereien und Versöhnungen.
- Er kennt die Orte. Um mit seinen Liebhabern zu gehen.

JOHN DANEN

Zum Spielen!

Did you love *V.F.X.*? Then you should read *Die Frauen Verstehen*[1] by John Danen!

[2]

In diesem Buch erzähle ich Ihnen, was Frauen wirklich denken ... Wir wollten Frauen schon immer verstehen und dachten, dass das nicht möglich sei. Nun, es ist nicht nur möglich, sondern die Art und Weise, wie sie denken und sich verhalten, ist völlig offensichtlich. Entdecken Sie es hier.

---

1. https://books2read.com/u/4jq5Ol

2. https://books2read.com/u/4jq5Ol

Also by John Danen

Seduction 5.0
S.A.X. Seducción. Avanzada. X.
Chicas complicadas
Seducción 5.0
El libro del tonto
Macho Alpha
Macho alpha extracto
La seducción después de la pandemia
Terriblemente atractivo
Seducción 5.1
Sedução 5.1
How to be Cool and Attractive
Sedução. Avançada. X.
Garotas complicadas
¡Basta de ser buen chico! Sé un chico malo.
El método JD. El método de seducción de John Danen
El arte de agradarte a ti mismo
¡Basta ya de abusos! ¡Defiéndete!
Enought with the abuse! Defend yourself!
Máster en seducción
Las mujeres. El amor. Y el sexo.
Supera la dependencia emocional
Atrae mujeres con masculinidad
JD Absoluta seducción
El fracaso del amor

Entender a las mujeres
La vida del seductor sinvergüenza y encantador.
El arte de la dureza
Terrivelmente atraente
Deixe de ser um bom da fita! Seja um mauzão.
Superar a dependência emocional
A arte de se agradar
Pare o abuso! Defenda-se!
O fracasso do amor.
O método JD
Overcome Emotional Dependency
Stop Being a Good Boy! Be a Bad Boy
Complicated girls
The Art of Pleasing Yourself
Duro y Sinvergüenza
Mestre en sedução
JD Method
The Failure of Love. The Trap of Serious Relationships
Master in Seduction
A. S. X. Advanced. Seduction. X
Women. Love. Sex
Alpha Male
Attract Women with Masculinity
JD Absolut Seduction
Understanding Women
The Life of the Shameless and Charming Seducer.
The Art of Toughness
Tough and Shameless
Überwindung der Emotionalen Abhängigkeit
Maître en séduction
Schrecklich Attraktiv
Surmonter la Dépendance Émotionnelle
L'art de la dureté

Die Kunst der Zähigkeit
Hör auf, ein guter Junge zu sein, sei ein böser Junge
Assez D'être un Bon Garçon ! Sois un Mauvais Garçon.
Die Kunst, sich Selbst zu Gefallen
Dur et sans Vergogne
Hart im Nehmen und Schamlos
L'art de se Plaire à soi-Même
Das Scheitern der Liebe
L'échec de L'amour.
Meister der Verführung
Die JD-Methode
Maestro di Seduzione
Terriblement Attrayant
La Méthode JD
Capire le donne
Compreendendo as Mulheres
Comprendre les Femmes
Die Frauen Verstehen
Les Filles Compliquées
Komplizierte Mädchen
JD Séduction Absolue
La Vie du Séducteur Charmant et sans Vergogne
Les Femmes. L'amour. Et le Sexe.
Mâle Alpha
S.A.X.
V.F.X.

About the Author

Español.

Soy un hombre vividor y divertido que busca el lado bueno de las cosas siempre.

Mi experiencia es el campo de las relaciones personales y de la seducción. Por eso tras dedicarme larguísimas décadas a ello, quiero trasmitir mis conocimientos. Para que las nuevas generaciones tengan unos conceptos que les den una ventaja competitiva sostenible y poderosa en el campo del amor.

Quiero ayudarte a a conseguir tus metas.

Portugués.

Sou um homem animado, e divertido, que sempre procura o lado bom das coisas.

Minha experiência está no campo das relações pessoais e da sedução. É por isso que, após décadas de dedicação a ela, quero transmitir meus conhecimentos.

Quero ajudá-los a alcançar seus objetivos.

Inglés

I am a lively and fun man, who always looks for the good side of things.

My experience is in the field of personal relationships and seduction. That is why, after decades of dedicating myself to it, I want to pass on my knowledge. So that the new generations have concepts that give them a sustainable and powerful competitive advantage in the field of love.

I want to help you achieve your goals

Français Je suis un homme vif et drôle qui cherche toujours le bon côté des choses.

Mon expérience se situe dans le domaine des relations personnelles et de la séduction. C'est pourquoi, après m'y être consacré pendant des décennies, je veux transmettre mes connaissances. Pour que les nouvelles générations disposent de concepts qui leur donnent un avantage concurrentiel durable et puissant dans le domaine de l'amour.

Je veux vous aider à atteindre vos objectifs.

CPSIA information can be obtained
at www.ICGtesting.com
Printed in the USA
BVHW061222011122
650839BV00006B/21